AF607151
AVERSO

LA PRIMERA VEZ QUE DIJE "AGUA"

José María García Linares

Número 32 de la Colección **AVERSO**

La primera vez que dije "agua"

Edición al cuidado de Averso Poesía
www.aversopoesia.com

Primera edición: abril de 2024
ISBN: 978-84-10027-33-6
Depósito Legal: GR 622-2024

Impreso en España - *Printed in Spain*

El papel utilizado para la impresión de este libro está calificado como papel ecológico y procede de bosques gestionados de manera sostenible.

LA PRIMERA VEZ QUE DIJE "AGUA"

José María García Linares

y cómo hacer que llueva la misma lluvia que veía caer a los trece años?
¿Cómo tornar al éxtasis del sol, a la luz ebria de mis siete años,
al sabor maduro de la mora,
a todo aquel territorio desconocido por la muerte,
a esa palpitante luz de la pureza,
a todo esto que soy yo y que ya no es mío?
Darío Jaramillo

"Pero, después de todo, sigo preguntándome: ¿por qué se me escapan tantas cosas de mi pasado?, ¿por qué determinadas cosas se me escapan, mientras que otras permanecen fijas de modo indeleble?"
Francisco Ayala

Sólo en verano el mundo parecía asequible,
durante tres o cuatro meses saltar, correr, era la vida
Francisca Aguirre

Poco importa donde empiece, pues volveré aquí
Parménides

Uno es de donde sueña
David Eloy Rodríguez

Todo es verano
en el verano, incluso
el pensamiento
Antidio Cabal

el viento mueve, esparce y desordena
Garcilaso de la Vega

Pero todo vuelve
a una luna azul de junio
Anne Carson

Nadie renuncia nunca a su universo,
al eco sucesivo de sus constelaciones
Basilio Sánchez

La infancia es el reino donde no muere nadie
Edna St. Vincent Millay

Lo que bien amas no te será arrancado.
Lo que bien amas es tu auténtica herencia
Ezra Pound

El mar azul,
el cielo azul.
Toda una eternidad
Josefina de la Torre

Poemas oscuros. Mañanas de verano que refulgen
Adam Zagajewski

Todo lo dejé allí.
¡Me he arrojado dentro de mí mismo!
Ángel Guinda

En las profundidades del invierno finalmente aprendí
que llevo dentro de mí un verano invencible.
Albert Camus

Pleno verano:
todo es posible.
Lo que quiere decir: la vida nunca acabará.
Louise Glück

A mis padres, que me dieron de beber
de las fuentes cristalinas de la luz.

Ahora

Como se abre el árbol centenario

a la brisa aguamarina en primavera

Como el deshielo enloquecido

huye montaña abajo hacia la vida

Como tu nombre al pronunciarlo

escribe en una concha el porvenir

de mis manos a la sombra de tus manos

Así este nuevo tiempo mío

cargado de esplendor azul

y de oleaje

Fuente de Trara

Todo estaba antes

cuando el mundo no era mundo

porque nadie lo había dicho

y el ruido

y la palabra

vibraban

al unísono

No había yo no había recuerdos

solo un color sin nombre

y líquido en los ojos

La primera vez que dije “agua”

puse un pie en la orilla de la historia

La vi tan joven responder

y llenar de luz la taza

Hablé y bebí

hablé y viví

y la sed fue desde entonces

la memoria azul en la mirada de mi madre

Cuaderno azul

Cuaderno azul

para la voz azul de mi memoria

Mi piel y el mar en estas hojas

roto el ritmo

rota la palabra

y que respire el universo

que conservo en el olvido

allí donde no hay leyes

ni sintaxis que aprisionen la mirada

Azul azul y azul

como la infancia entre unos árboles perdidos

gritando a ras del cielo

la impúdica belleza de la edad efímera y febril

hermosa

y

humillante

pretérita

y

profunda

No soy el que respira y vive y tose sino lo que imagino

lo que invento o rememoro cada tarde

Azul azul playa olorosa

madre fresca y luminosa

lapa sorda

entre las rocas del verano

Azul para llenarlo así de viento

y todo el viento

para llenarlo de palabras malheridas

de luz y de distancia y de silencio

Que sople y sople de levante

y vuele la gaviota con su grito amarillento de desierto

y sople

y sople de poniente

y canten las tortugas

las pasiones que lloraban las sirenas en la copa rota del ocaso

Que sea todo azul como la pérdida

el amor

como la arena

azul como el cuaderno azul de mi memoria

La primera vez

Fue la primera vez que pronuncié su nombre

Nacía el mes de agosto

en el bostezo verde de las caracolas

El mundo buceaba la mañana

buscando el cofre del instante eterno

Salió del mar

con la piel enamorada de poniente

Fue la primera vez que me miró

El alfabeto lo escribió en la orilla

y lo copié en las yemas tibias de mis ojos

Me enseñó a leer entre ola y ola

la leyenda rota de la historia y el amor

el viento en el oficio de las rocas

y el tiempo en la pupila de los peces

Cogió un puñado de agua azul

y otro de conchas cristalinas

y lloró recuerdos del futuro

sobre un niño que pintaba los veranos

en los charcos asfixiados de noviembre

Abrió sus manos y cayó en la arena

un bello resplandor del universo

un verso evaporado un sol de menta

palabras sobre el miedo y la razón

y volvió a sumergirse en la marea

Fue la primera vez que pronuncié su nombre

Fue la primera vez que te encontré en la playa

Saber de dónde viene

Hay algo en el azul

que late en lo profundo de mi historia

Saber de dónde viene y cuáles son

las simas en que observa aletargado

Qué dice eso que late

Qué soy en el latido

Por qué puedo entender

lo que no tiene tiempo ni palabra

Hecho de mar

El aire trae rumores de verano

y trae rumores de otra vida

y trae rumores de otros mares

La lengua del susurro   está escrita en la luz

olor a golondrinas fluorescentes

a pelo rubio

a piel tostada

El aire trae rumores luminosos

del niño y su castillo transparente

del beso helado de limón y mantecado

de la mañana esplendorosa en la Avenida

camino de la playa irreductible   eterna

Los verbos de la luz les hablan a mis ojos

Ciego de lenguaje paseo hacia las olas

Declino el tiempo

conjugo mi delirio

y escribo desde aquí

el ansia por fundirme en el azul

y dejarme llevar por el viento hasta la orilla

Leo un rostro en el idioma del calor

Soy yo

hecho de mar hecho de sal hecho de sol

corriendo en una playa endecasílaba

detrás de la memoria escurridiza

La belleza es una concha rota en el ayer

La luz

y la escritura

y el ayer

y un niño hermoso

que mece para siempre

el viento en un poema

Naranjos en el parque

En el parque los naranjos

florecen a la sombra de los niños

Sus raíces echan flores en las fuentes

y el olor a azahar exprime el jugo de la vida

en los umbrales luminosos del verano

Corre la edad montada en bicicleta y los laureles

respiran la emoción del mes de mayo

umbrosos

frescos

sabios

melancólicos

La niña chupa con afán su piruleta

un rojo corazón de transparencia diamantina

y sueña con un reino de unicornios

con palacios donde viven sus abuelos muertos

donde suenan cada hora

las canciones preferidas de los magos

Dos jóvenes se besan en un banco

el vuelo de la vida en las palmeras

parece dibujar el porvenir en cada labio

las manos alfareras con las que inventar las horas

con las que esculpir el rostro en carne viva del deseo

y estallan los rosales como un mar enfurecido

aroma a primavera y caracolas

Bañada en el azul gobierna la araucaria

el divagar ventoso del recuerdo

No sé si lo que escribo

es una rama que se mece

del hoy hacia el ayer en el mañana

o es quizás savia profunda efervescente

llama de mí verbo inefable

verso imposible en la frontera de la luz

casa en que descansa la mirada

y sorbe brisa y voces y araucarias

En el parque los naranjos

los laureles

las fuentes claras donde fluye la memoria

leen mi vida en las marchitas hojas de mis ojos

pupila azul donde reposa el tiempo

Fértil memoria

Decir azul

para beber del tiempo la palabra

que me dice   que me salva   que te llama

La ciudad azul

la voz azul

la madre azul

Azul la flecha que traspasa la mirada

y deja en la garganta

el rastro de aquel cielo bañado en la bahía

Parece que fue ayer   pero es mañana

Allí aprendí la lógica del mar

su norma

su castigo

su escritura

sobre el cuerpo bendecido de la tarde

Azul el corazón

que late en la memoria de mis manos

su sangre transparente como el sol de la palmera

cargada de alimento   de sed   y   acantilado

Las aguas claras rompen su hermosura

a orillas de esta vida azul que extraigo

Ardientes yacimientos bajo un suelo

de lenguas automáticas y grises

Fluye a borbotones

géiser imperioso

azul cascada de temblor y espuma

Idioma que inunda

amor que empapa

palabra que comprehende

sudor respiración sin muro

azul exclamación

de un verso nuevo en los umbrales

del mundo hecho de mí

de ti que surges luminosa de las olas

que una vez llamamos vida

Decir azul

y descender a lo más alto

vivir en la región sin nombre

en el ocaso del viento

en el poema

memoria fértil de la palabra viva

De cúpulas al viento

Y aunque finja el tiempo en el espejo

y llame hogar a este lugar en el que vivo

mi vida sigue siendo azul

como la luz ventosa en Rusadir

ola que insiste

rebalaje

y sueño

Olvido de cañones y araucarias

horizonte de cúpulas y viento

Temporal

Y sigue golpeando el mar

contra mis ojos su tiempo

Años

pulverizados

en la luz

rostros

encallados

en

el

faro

vidas que no fueron y que hinchadas

regresan boca arriba y atestiguan

el vívido pesar de lo perdido

Agua	Sal
y	y
vida	tiempo

mirada que revolotea el cielo

y anuda su destino a mi memoria

Atardecer

En el atardecer del oleaje

cuando es la soledad revelación

el legendario murmurar del viento

entona las verdades olvidadas

El árbol respira el profundo azul

las aves vislumbran el porvenir

el idioma del volcán

se mece en un océano de nubes

El tiempo es esta luz en la que vivo

una edad de laurisilvas

que bailan la memoria del alisio

Soy tiempo en cada hoja en cada verso

navegado

y naufragado en las ruinas

del pretérito perfecto de mi nombre

un tiempo que se mira en las orillas

que bucea en los espejos

de una ola irreparable

Es en este atardecer

en esta luz azul

en este cielo atado a la garganta

cuando el tiempo se vislumbra en la marea

y soy verbo conjugado en ese tiempo

y

tiempo

enarbolado

en un poema

Otoño en primavera

¿Cuál es la edad del tiempo

que llega de repente con la brisa

y se filtra en el presente de la luz

en la memoria de mis manos

y en el libro que sostengo

que despacio se desliza

hasta el recóndito lago del olvido

y lo despierta con un roce efervescente?

¿Cuál es la voz del tiempo

que limpia los resquicios de mi vida

con el mismo paño de palabras

con el que escribí hace décadas

mi yo

tu amor

mi nombre

cuando parecía posible detener el viento

que arrasaba todo aquello

que dañaba los andamios del futuro?

Quizás solo un rasguño

en el devenir del mundo

el anómalo suspiro de un reloj rebelde

que permite que se claven en los ojos

las agujas de mis veinte años

elevados al azul y a la belleza

en esta tibia tarde de septiembre

Ni hoy

ni ayer

ni ahora

ni mañana

Se anuda el tiempo   se complica   y   se deshace

Y soy

o fui

o he sido en un momento

(aquí y allí y siempre todavía)

primavera

en

otoño fatigado   brotando

Temporal de levante

Este mundo que resbala

por el rostro enmudecido de la lluvia

Esta soledad de portal viejo

esta voz ahogada

de un cuerpo en el umbral de la ceniza

El viento sopla fuerte y habla claro

el tiempo se ha llevado el verbo azul

Mis ojos son el charco de tu sombra

Hoja de papel

En la quietud

y en el silencio de esta hoja

vaga mi mano cuerda a la deriva

por los reinos del sentido

Acelera

frena

sigue

le pregunta a la mirada

si la tenue luz del bosque

es la morada del poema

si la isla evaporada de la tarde

conserva el rastro azul marino

de la palabra al filo de mi vida

Es tanta la memoria contenida

tan hermoso el rostro de la voz

que va indicándome el camino

hasta la orilla inserta

en los océanos perdidos

tan ligero el verbo en el ocaso ardiente

de mi piel ardiente

en mi tiempo ardiente

Solo el tiempo en esta hoja de papel

todo el tiempo que me sea necesario

Invento	Reescribo
tacho	miento
rememoro	sueño
y me construyo	y me destruyo

en esta página fugaz

precipitándose

al

vacío

despidiéndose

La mirada de Orfeo

Cuando volví la vista atrás

vi mi rostro joven alejarse

Canto desde entonces

al amor al azul a los placeres

a todo aquello que consuele

del hermoso dolor de seguir vivo

Mi casa

Mi casa sigue estando aquí

Ha pasado mucho tiempo

Muchas fueron las palabras

que quedaron suspendidas

en el cielo azul de las mañanas blancas

bajo el sol del mes de junio

aquí en esta ciudad en estos vientos

a la espera de volver a pronunciarlas

He cambiado ya de piel

y he pisado otras arenas

pero tu sombra hermosa fresca

aguarda como siempre

la voz cansada de mi lengua herida

Nado en la ensenada blanca tibia

de los años que escribieron mi mirada

Mi casa sigue estando aquí

en un verso azul turquesa

y

en

la

brisa

de

poniente

en

el

ocaso

Lo que queramos ser

El viento de poniente

aleja incertidumbres

limpia de miedo el faro

y de inquietud el horizonte

El mar es transparencia derretida

Somos lo que queramos ser

entre

las

olas

azules

de

la

tarde

Paseo marítimo

Cuando cabe todo el mar
en el suspiro azul del caminante
La ola empapa la memoria
de quienes buscan la respuesta y el abrazo
deshace el nudo y pinta soles
en la boca umbrosa de la vida

Es ese mar que no discute   que ilumina
que integra porvenires y derrotas
que se alza como el cielo prometido
en las sagradas escrituras de la arena
Respíralo
y sumérgete en su luz

Es el ahora

y el mañana

y el ayer

y el azul

y la ola

y el suspiro

Todo el mar frente a la vista caminante

Toda la inquietud y su hermosura

Perder el tiempo

I

Una mano

rozándole la espalda

a la belleza

La luz que invade

los secretos de ultratumba

escribiendo en letras de agua

la canción mas antigua del mundo

Oír leer y detenerse

II

Para poder libar por fin tu luz

tus manos

la voz turquesa que resbala por tu espalda

gota

de

lluvia

en el desierto de la costumbre

III

Fijar el tiempo

en cada gesto

Hacer de la mañana de domingo

galería de esculturas transparentes

estadio en el que vocifere mi quietud

hogar con cuerpo de mujer

y chimenea

Melilla

Está atrapado el tiempo en este espacio

entre los muros del mar

y los susurros de alambre

(a mi espalda la ley   frente a mí la distancia)

De lo mismo hacia lo mismo

La sed

la luz

el viento

Lo sabe el hombre que camina

y sube al torreón

y observa un barco herido en la tristeza

Sus ojos surcan la memoria

No ha cambiado nada

Las voces

el olvido

el aislamiento

Empuja el mar

Aguanta la alambrada

Sostiene el cielo la palmera

Se ahoga la mañana en su rutina

Cuando ahora significa aquí

cuando después es siempre todavía

cuando es el porvenir la misma ola

Éramos dos niños

Han volado tantas cosas tantos rostros

Unos yacen esparcidos por la orilla del olvido

otros en la cima inaccesible del silencio

a la espera del valiente montañero

que resista tempestades y belleza

rayos y palabras imposibles como un eco que se esfuma

río

abajo

por

la

infancia

en

primavera

Si las busco llegas tú   si las llamo vuelvo yo

ambos nadando un cielo fresco

surcado por delfines y luciérnagas

Lo hermoso es que jamás nos conocimos

lejos los dos   tú en el volcán   yo en la araucaria

el tiempo divagando por los parques

el mar memorizando los delirios

de la luz azul en las orquídeas

tus manos que esperaron a mis manos

allí donde los vientos prenden fuego a la ceniza

Recuerdo iluminado tu niñez   (jamás nos conocimos
de pequeños)

mi risa correteando por la playa tras de ti

que te elevabas

y volabas

y cantabas la canción del mediodía

En invierno se alejaban las tormentas

si mirabas apenada el horizonte

y montábamos castillos de juguete

en el desván de una alegría puesta a salvo

de colegios

curas

monjas

y

huracanes

esperando siempre la llegada

de un pesquero azul entre la espuma ardiente de Los Cárabos

Jamás nos conocimos pero ahora

inventamos el ayer

para contárnoslo mañana

Limpiamos los escombros del olvido y construimos

la memoria que quisimos

que queremos

y nos salva

Había llovido demasiado

El viento nos llevó   y nos trajo como quiso

El mar amaneció

esplendoroso

Nos encontramos treinta años después

en el azul

en el amor

en la ceniza

Dos niños entonces

volando de la mano por el viento

Pálpitos

Son las mismas preguntas cada noche

las que laten en la ola adormecida

Como contempla el ojo

la octava maravilla del secreto

así palpita la inquietud nocturna

¿Qué quedará del azul

si emigro alguna vez a otra memoria?

¿Cómo conservar la voz

herida y pasional de los barrancos?

¿Dónde proteger la luz

de la oscura utilidad del tiempo?

Toda la tarde *en el cristal del agua*

Era junio la marea

junio un cuerpo joven (un poema hoy tanta distancia)

Plagadas las rocas de cangrejos

de lapas milenarias y de erizos

Chillaban las gaviotas su memoria

Almejas ermitaños y coquinas

ocultos a la vista bajo el tiempo

El viento en la palmera adormecido

la luz borboteando

Entrar al mar

como quien busca redención y gozo

Yo

Las aguas que bebieron mis mañanas

la brisa fértil cultivando acantilados

los parque silenciosos

los pinos

las gaviotas

las chumberas

la lluvia de los lunes grises

los colegios grises

el amor cuando el amor es ola

Todo lo que el tiempo ha escrito en este cuerpo

no es más que otro relato legendario del fracaso

vida caminando por el mar

verso azul con que rimar la muerte

Patria

Nací en esa ciudad sin patria ni cariño

que algunos llaman soledad   y otros distancia

Nunca entendí de banderas

                              ni le hice caso al profesor de geografía

                                        con su mapa político de sueños

    Mi mundo era una isla abandonada

    rodeada por el mar y los alambres

Daba igual que fuera el norte   no importaba si era el sur

    era el reino despreciado por la historia

    un castillo hecho pedazos

    entre nidos de gaviotas

Mi patria eran las manos de mi madre

los ojos sanadores de mi padre

un parque   unos patines   una playa

Saberse lejos cura la ceguera

Ni España ni África ni Europa

El viento azul escribe sobre el mar

el único relato verdadero

un hogar

un amor

un cielo idéntico

al de todos los hombres de la Tierra

Una mañana de septiembre

Me bañé en el viento azul

de una tibia mañana de septiembre

                                        cuando se para el tiempo en la marea

                                        y los niños melancólicos y rubios

                                        miran hacia el mar desde el colegio

Quien nada en el azul

nunca regresa indemne a las orillas

          Cómo hacerlo si rozó la luz

                                                  si aprendió del vértigo la sed

si alcanzó el lugar donde residen

          las voces que se apagan con los años

La brisa de poniente aletargada

en el cielo incandescente de mis ojos

No cabe en la mirada otra manera

de entender la vida que respiro

Tejerle al tiempo un verso azul

que invente la ficción de detenerlo

Respuestas

En las olas perfumadas de universo

hallarás las respuestas de este libro

Palabras inconclusas

imágenes del viento y el olvido

orquídeas transparentes como el beso

memoria azulturquesa y rocamusgo

No es difícil preguntarle a la marea

Cielo estrellado luna marina

Lo complejo es descubrir

lo que quieres preguntar

Mar Mitología Viento

(Canción sobre el origen)

I

Aunque yazcan en la orilla
los restos de la historia entre las algas
pocos son los que se acercan y recogen
lo que la arena conserva
dorados sustantivos tallados con el tiempo
verboscaracola
susurro de medusas
hambre de quimeras
hambre de la historia movida por el hambre

Oh mar que hiciste de mi cuerpo

incienso de verano

templo azul de la memoria

canción contra el olvido del invierno en un despacho

palabra iluminada

conjuro hierbabuena de levante

Aquí canto

oh mar

lo que de mí aprendí

en la brisa interminable de tus ojos

II

En un bosque cristalino de medusas

aprendí a decir el mundo con las manos

Todo el tiempo derramado entre mis dedos

las flechas de la luz clavadas en la orilla

Era la vida blanca la que vino

y habló de los orígenes del mar

de la nostalgia de los parques

del incesante corazón del viento

Yo tocaba sus palabras

Llevaba hasta mi boca cada letra

cada runa

jeroglíficos perdidos

en el reino prenatal del entusiasmo

Mordí la libertad

chupé la sangre verde de los dátiles

bebí la leche azul de la montaña

Mis manos se agarraban al amor

cavaban en la arena hasta encontrar

el reino milagroso de las madres

Mis uñas arañaban el rocío en las palmeras

para ver pintarse en ellas el futuro

Entonces supe el nombre de mis huellas

y vi llover orquídeas rosas en diciembre

La primera vez que dije "agua"

partieron satisfechos los galápagos

III

Cuando salí de entre las olas
el viento negro iluminaba
el corazón de un faro a la deriva
Apenas se intuían los perfiles de los muros
y las voces de la historia dormitaban
en los riscos del olvido
Cañones oxidados apuntaban
a la herrumbre del ayer de los imperios
Los ecos de otro mundo en los balcones
pintaban en los cielos submarinos
la cópula melódica del mar y los tritones
Entonces vi la torre y ascendí a su vértigo
Un grito ahogado sin respuesta
ensordeció mi amor recién nacido

En la garganta de la noche helada

descifré el aullido   la orfandad   la lejanía

y entendí el color del viento

la ceguera del cañón

el semblante de la piedra

los mundos que cayeron en el limbo del océano

las canciones silenciosas de las lapas

Respiré muy fuerte

hasta romperse el aire en mis pulmones

y crujió la vida y crujió el sueño

Cerré los ojos para ver mi tiempo

y lloré leyendas sobre brujas y delfines

capaces de enfrentar el miedo de los niños

Fui deshaciéndome en la noche

filtrando mi memoria en el silencio

Dejé que me llevara el viento negro

allí donde se inventa la mañana

y estalló la luz entonces y escribió el azul

su runa de rocío en mi pupila

El aire roto comenzó a fundirse

Llovieron

derretidos

sus

cristales

y

floreció la calma con su pétalo de alivio

Vi a lo lejos la ciudad

entre el vapor del agua y del dolor

La soledad danzaba en la quietud del mar

el canto blanco de las aves dulces

Palmeras grácilmente acompañaban

esdrújulos acordes de olas frescas

Respiré el compás azul

respiré al compás del cuerpo

y logré vivir

en el

umbral del viento

IV

Contemplé el amanecer de la ciudad marina

Las calles inundadas de levante

el cielo sumergido en los balcones

palmeras agitadas por el tiempo verde de las olas

Los niños buceaban la costumbre

con gritos ancestrales de alegría

Fluía la vida y me empapaba

de salitre

de pasión

de valentía

En la prudencia de las lapas

dejó la historia escrito mi destino

Bebí la luz del mar en ánforas azules

y recordé el futuro en las canciones olvidadas de los pájaros

Era aquí

Era entonces

Maresía transparente besando la mañana

V

Las hojas del laurel frente a la casa

dejaron en el suelo dibujado

un mapa turbulento

        en

        la

        caída

                que lleva a la morada de los vientos

Llegué una tarde de diciembre

        cuando los pájaros   cansados

                contemplan en al escarcha el universo

Llamé y se abrió la puerta

y preguntó una voz por el dolor y por mi nombre

No encuentro las palabras dije

Ni sirven las que escucho

ni aquellas que me dieron de comer los hechiceros

Me saben a desprecio y soledad A olvido

Entonces búscalas

allí donde la nieve duerme al agua

respondió

y vuelve cuando cante el río en su paseo

la pena enamorada de los tilos

Viajé a la cima helada del deseo

corté una flor

sembré un recuerdo

y el tiempo abrió sus pétalos granados

El agua comenzó a cantar

las fuentes se inundaron de futuro

y las palomas escribieron el amor

en la plaza fresca de mis manos

Vi nacer en mi memoria

palabras llenas de alegría

de verdades como cuerpos

de cuerpos llenos de verdades

Vi rostros azules que jamás olvidaré

y empecé a escribir bajo la luna

un mes de abril al aire en los naranjos

Cuando volví

los vientos preguntaron

y pude responder

Del dolor solo quedaba

la huella imperceptible de una lágrima

tallada a fuego lento en la mejilla

De mi nombre la certeza

de que siempre fue mi nombre

aunque el ruido

la distancia

o la crueldad

clavaran alfileres en sus olas

Contemplo ahora esta ensenada

la luz turquesa de la mar

su arena entre mis dedos

el tiempo avainillado de lo eterno

Y canta el viento sobre el agua

Y canta el viento

y canto yo

y canta el agua

VI

La lección de las ballenas es sencilla

nadar hacia el origen para morir naciendo

Volví a la orilla una mañana

y avisté en el horizonte sus contornos

Supe entonces que la edad

era un recuerdo viejo de la infancia

Cuando me vaya

seré como la ola en el ocaso

caricia leve y espumosa

un resto de mar

un rastro de viento en los barrancos

una palabra azul en la memoria

VII Final

Qué es el mito

sino la forma azul

de la memoria helada

Su contorno magnifica la hermosura

de la palabra primigenia

tallada en la corteza de la vida

Lo que cuenta nos convierte en emisarios

del sentido iluminado de la profundidad

de la poética invisible

en el cristal del tiempo

Lo que calla en elegidos

por los vientos indomables del origen

Nos ofrece agua de mar

mezclada con la sangre de los dioses

fuego en las entrañas de la aurora

y el ramaje imperceptible de la madre tierra

cuando canta en la tormenta

la tristeza de la lluvia despojada de los cielos

Según el frío que mastiques

y la orquídea que cultives en tu lengua

será posible hablar de lo que desconoces

y recuerdas

Cuando haya pronunciado entonces la memoria azul

por primera vez tu nombre y tú

por primera vez el agua

Ola hirviendo en la mañana

Me salvé de morir enredado entre las algas
cuando aprendí a olvidar
las voces abisales que mordían los tobillos
de mi cuerpo joven

Prendido me hice humo
ardido me hice nube
y lloví hasta volver a los océanos

Esta forma de vivir
que me ha dado el mar y el tiempo
carece del grillete de tu lógica

Salir de mí para encontrarme en mí

en esta casa azul

donde aprendí a decir mi nombre

cuarenta años después del primer llanto

Ni espero ni deseo que lo entiendas

mis manos ya no escuchan tus palabras

Soy como la ola hirviendo en la mañana

y hay tanto cielo

y tanto mar

y tanta maravilla en mi mirada

ÍNDICE

Este libro se terminó de editar en Granada
en abril de 2024 por

www.aversopoesia.com
hola@aversopoesia.com